AF589968

LE CHEF ÉCOSSAIS,

OU

LA CAVERNE D'OSSIAN,

Pantomime en deux Actes, à grand spectacle,

Avec un PROLOGUE,

Par J. G. A. CUVELIER;

Musique arrangée par M. DREUIL;

Ballets de M. JAQUINET.

Décors de M. GUÉ.

Représentée, pour la première fois, à Paris, sur le Théâtre du Cirque Olympique, le 25 *Septembre* 1815.

.... Murder! and treason!
.... Malcolm awake!
Shake off this downy sleep, death's counterfeit,
And look on death it self.!....

.... Meurtre et trahison!
.... Malcolm, réveille-toi!
Arrache-toi des bras du sommeil, image de la mort,
Et vois la mort elle-même...

Macbeth de Shakspeare, acte 2e. scène 3e.

PARIS,

CHEZ J. N. BARBA, LIBRAIRE, PALAIS-ROYAL,
DERRIÈRE LE THÉATRE FRANÇAIS, N°. 51.

De l'Imprimerie de HOCQUET, rue du Faubourg Montmartre, n°. 4.

1815.

PERSONNAGES.	ACTEURS.
OCCOMAR, chef des Montagnes d'Ecosse.	M. *Franconi* aîné.
SULMALLA, fille du Roi. . . .	Mad. *Franconi* cad.
LINI, leur fils, âgé de 6 ans, élevé par Hérold.	Mlle. *E. Franconi.*
HÉROLD, Barde, descendant de Fingal et d'Ossian	M. *la Haye.*
MALCOLM, Roi d'une partie de l'Écosse	M. *Bassin.*
MACONOR, prince des Isles. . .	M. *Bunel.*
GÉMISKAR, } confidens du prince des Isles.	M. *Ferrin.*
BORBAR, } confidens du prince des Isles.	M. *Ahn.*
Chevaliers de la suite du Roi. . .	MM. *L'Espérance*, *Lagoutte*, *Masse*, *Henri.*
Chef des Guerriers montagnards.	M. *Breton.*
Chef des Soldats royaux.	M. *Amable.*
Chef des Soldats du prince. . . .	M. *Vincent.*
Gardes du Roi . . . . Soldats du prince des Isles . . . Soldats montagnards	*Comparses.*
Montagnards. . . . . Montagnardes	*Ballet.*
Premiers Danseurs montagnards.	MM. *Jacquinet*, *Morand.* *Chape.*
Dames de la suite de Sulmallar. .	*Figurantes.*
Premières Danseuses montagnardes	Mesd. *Blanche.* *Doutreville*, *Virginie.*

La Scène se passe en Ecosse, dans les premier tems de l'heptarchie.

LE CHEF ÉCOSSAIS,

OU

LA CAVERNE D'OSSIAN,

Pantomime en deux Actes.

PROLOGUE.

Le Théâtre représente une campagne ; au lointain, des montagnes dont le sommet est couvert de neige. Au bas, à travers une voûte de rochers, on aperçoit la mer ; en avant, l'entrée de la caverne d'Ossian ; à droite de l'Acteur, un banc de gazon ; à gauche, des arbres.

SCENE PREMIERE.

Il est à peine jour. Le jeune Lini sort de la caverne ; il prend son arc et ses flèches, et s'avance au bas de la montagne.

Un oiseau de proie traverse les airs : il l'ajuste et l'abat.

Joyeux, il ramasse le produit de sa chasse, et vient l'apporter près du banc de gazon.

SCENE II.

Hérold sort de la caverne ; l'enfant raconte son exploit à son instituteur.

Le Barde lui sourit, et l'approuve. Ensuite, prenant un caractère de sévérité, il lui dit que des objets plus importans doivent l'occuper ; il lui montre les nuages agglomérés au loin sur les flancs de la montagne, sous des formes bizarres ; il lui parle de la gloire de Fingal et d'Ossian, dont il croit voir les images dans leurs palais aériens : il élève ainsi les idées du jeune Lini vers la Divinité.

L'enfant croise les bras, s'incline et adore.

Le Barde présente à son élève une petite harpe ; il lui apprend à en tirer des sons harmonieux.

SCENE III.

Une barque paraît sur la mer. Elle porte Maconor, Prince des Isles, et Gémiskar, son confident.

Ils descendent à terre, montent sur les rochers, et examinent le Barde et l'enfant. Ils les abordent. A l'aspect du prince demi-sauvage, l'enfant est effrayé. Hérold paraît surpris de cette visite imprévue.

Maconor prend la main de Lini, en s'efforçant de sourire. Il demande au Barde quel est ce joli enfant. Hérold, embarrassé, cherche à éviter ses questions. Lini veut se sauver dans la caverne ; le confident du prince l'arrête, et le présente, malgré sa résistance, à son maître. Celui-ci jette tour-à-tour ses regards scrutateurs sur la figure de l'enfant, et sur un portrait qu'il a tiré de son sein.

Hérold, inquiet, s'avance, prend Lini par la main, et sort avec lui, en priant avec dignité le Prince des Isles de ne pas les suivre dans la caverne consacrée au divin Ossian.

SCENE IV.

MACONOR, GEMISKAR.

MACONOR.

On ne m'a donc pas trompé ! oui, je n'en puis plus douter, cet enfant élevé avec tant de soins par le barde Hérold dans la caverne d'Ossian, est le fils de l'orgueilleuse Sulmalla.

GÉMISKAR.

Sa ressemblance avec ce portrait de la princesse d'Ecosse trahit le secret de sa naissance ; mais, seigneur, quel peut être son père ?

MACONOR.

La jalousie m'a fait deviner depuis long-tems ce mystère d'iniquités... ce guerrier que j'ai sans cesse rencontré dans le chemin de la gloire et des honneurs, ce vainqueur que je déteste, cet homme à qui j'ai voué une haine que la mort seule peut assouvir, enfin ce Chef écossais, ce fier Occomar qui a dirigé si long-tems contre les îles que je gouverne, les forces redoutables des guerriers des montagnes; voilà l'amant de Sulmalla, l'époux secret de la Princesse d'Ecosse, le père de Lini, et mon rival.

GÉMISKAR.

Et vous le laisseriez jouir en paix de tous les dons qu'une fortune aveugle lui a départis.

MACONOR.

Ami, connais mieux le cœur de Maconor. En abordant aujourd'hui sur la terre d'Ecosse, j'ai juré la vengeance, je remplirai mon serment. Le plan que j'ai conçu a été tracé avec adresse, et depuis long-tems suivi avec persévérance. Après avoir fait exiler Occomar de la cour du roi Malcolm, j'ai suscité à ce Chef écossais des guerres pénibles au sein même de ses montagnes. J'avais sollicité la main de la belle Sulmalla; le roi, son père, me l'avait accordée, mon ambition était satisfaite, car ce n'est point l'amour seul qui peut maîtriser un grand cœur; l'instant était arrivé où j'allais remonter sur ce trône jadis occupé par mes ancêtres; le refus de la princesse a détruit ce fantôme de gloire, mais j'en connais la cause et c'est elle qui en subira la peine. Gémiskar, je n'eus jamais de compagnon plus dévoué que toi, mes malheurs, tu les as supportés avec courage, ma fortune, tu dois la partager... Apprends donc qu'aujourd'hui même la conspiration éclate, que Malcolm verra le sceptre d'Eposse échapper à ses faibles mains ; en un mot que celles de Maconor auront saisi les rênes de l'état avant que le soleil se soit caché pour la seconde fois dans le sein de l'Océan.

GÉMISKAR.

Et quel sort réservez-vous à vos ennemis?

MACONOR.

La mort.... oui, mon cher Gémiskar, c'est sur les cadavres sanglants d Occomar, de Sulmalla et de leur fils que je veux monter au trône.

GÉMISKAR.

Seigneur, pour vous servir. je braverai tous les dangers.

MACONOR.

Ils seront pour nos ennemis... D'après la découverte importante que nous avons faite de la naissance de cet enfant, ne vois-tu pas Malcolm furieux en apprenant que la descendante des Rois est devenue la compagne d'un simple Chef des montagnes, condamner sa fille à gémir toute sa vie dans l'exil, vouer à la mort l'enfant né de cette union illégitime, et livrer la tête du séducteur à la hache de ses bourreaux? Dès-lors le chemin du trône m'est ouvert; Malcolm lui seul pourrait encore retarder ma marche victorieuse, ce faible vieillard tombera aisément sous nos coups; plus d'obstacles, mon triomphe est certain, et c'est en ces lieux même qu'il va commencer. Mes fidèles serviteurs m'ont appris que Sulmalla sous le déguisement d'une montagnarde écossaise, va se rendre ici avec son époux; une fête est préparée pour la recevoir, j'ai fait inviter le roi Malcolm à une chasse dans nos îles; par ce moyen j'applanis toutes les difficultés que Sulmalla aurait pu craindre en accordant ce rendez vous à son indigne amant; leur sécurité n'aura point de bornes, et la foudre les aura frappés avant qu'ils aient pu soupçonner l'approche de la tempête.

(On entend au lointain des sons répétés par les échos de la montagne.)

MACONOR.

Les sons de l'instrument consacré aux fêtes des montagnes m'annoncent l'approche du Chef écossais, suis-moi, Gémiskar, ce chant d'amour va devenir le signal de la vengeance.

(Tous deux vont s'embarquer, et disparaissent sur les ondes.)

Fin du Prologue.

ACTE PREMIER.

Même Décoration.

SCENE PREMIERE.

Pendant qu'on voit encore voguer dans le lointain la barque qui porte les deux traîtres, Occomar paraît sur la montagne avec quelques-uns de ses guerriers écossais : il est reçu avec des transports d'amour par les montagnards et les montagnardes. Il charge un de ses guerriers de lui annoncer l'arrivée de son amante. Il ordonne aux paysans de tout préparer pour la fête.

Occomar, le cœur plein d'espérance et d'amour, descend auprès de la caverne d'Ossian.

Il saisit la harpe sacrée, il en tire quelques sons : une flûte lui répond dans le lointain.

Le Chef témoigne sa joie, il va revoir son fils.

SCENE II.

Lini court dans ses bras, Occomar lui prodigue les caresses les plus tendres ; le vieux Barde bénit le ciel et admire ce touchant tableau tracé par la nature.

On entend une harmonie vague et lointaine. Tous écoutent. Le guerrier Écossais placé sur la montagne annonce l'arrivée de la Princesse en déployant la bannière du Chef sur le plan le plus élevé.

Occomar, Hérold et Lini s'avancent avec empressement, vers la mer.

SCENE III.

Sulmalla paraît dans une barque, ornée de fleurs, de banderolles et de guirlandes. Elle est vêtue en simple Montagnarde, deux de ses femmes déguisées comme elle l'accompagnent. Elle est reçue dans les bras de son époux, et bientôt elle presse son fils sur son cœur.

Dans cet instant, le rivage et la montagne sont couverts de montagnards et de montagnardes, portant des corbeilles et des cerceaux de fleurs. Aucun d'eux ne connaît la Princesse d'Écosse, mais ils ont le plus profond respect, l'amour le plus tendre pour la compagne de leur noble Chef, pour la mère de l'enfant adoré que leur Barde élève dans la caverne d'Ossian.

La joie est générale. On suspend à un arbre des harpes éoliennes, lesquelles agitées par le vent, rendent les sons les plus harmonieux qui se mélangent aux airs champêtres exécutés par les instruments des montagnes. Sulmalla est placée par le Barde sur un banc de mousse, entre son fils et son époux.

Divertissement.

On exécute la danse écossaise nommée the scotch reel.

SCENE IV.

A la fin des danses, on aperçoit sur la montagne, Maconor et le roi Malcolm.

SCENE V.

Le roi appelle ses gardes. Dirigés par Gémiskar et par Borbar, tous deux dévoués au prince des Isles, les soldats s'emparent de toutes les issues qui conduisent au rivage et aux montagnes.

Effroi de Sulmalla et de Lini. L'enfant se cache dans les bras du Barde. Occomar rassure son épouse, il la place au milieu des montagnardes dont elle porte le costume, le Chef se met à la tête du petit nombre d'Écossais qui l'ont accompagné. Le roi descend vers la caverne; tout le monde s'incline, ou se prosterne à sa vue. Il fait relever ses sujets avec bonté, mais on voit qu'il contient à peine sa colère.

Malcolm s'informe du motif de la fête. Le Barde lui répond qu'elle se donne en l'honneur du brave Chef des montagnes; Malcolm examine l'enfant, il demande à qui il appartient : Occomar n'hésite pas, il avoue que c'est à lui : le perfide Maconor fait remarquer au roi la franchise de cet aveu avec un sourire ironique.

Le roi demande au jeune Lini où est sa mère, l'enfant s'échappe malgré Hérold qui veut le retenir; il cherche parmi les paysannes, et montre Sulmalla qui essaie, mais envain d'échapper à ses carresses indiscrètes : la princesse se trouve ainsi trahie par son propre fils.

Malcolm accable sa fille de reproches, Sulmalla lui montre son excuse en lui vantant la bravoure et les hautes qualités du Chef Écossais : elle tombe aux pieds de son père et le supplie de ne pas faire le malheur de sa vie

Le roi paraît d'abord attendri, mais excité par Maconor, il relève brusquement sa fille, repousse l'enfant, menace Occomar et jure à Sulmalla que jamais le Chef Écossais ne sera son époux.

Maconor fait sentir à Macolm que sa dignité se trouve compromise s'il ne punit cet acte de rébellion; les gardes se sont rangés autour du roi, leur commandement est laissé à la disposition du prince des isles; malgré les supplications du barde et du peuple, le roi fait arracher Sulmalla et Lini des bras d'Occomar; il ordonne que l'enfant soit enlevé à sa coupable mère. Sulmalla veut défendre son fils, Gémiskar l'emporte sur la montagne, il lève son glaive sur la tête de l'enfant, Sulmalla jette un cri et s'élance pour détourner le fer.

Occomar et ses écossais ont essayé de se défendre, mais il sont en trop petit nombre, les gardes du roi les culbutent.

Dans ce tumulte Occomar séparé de sa femme et de son fils, se trouve près de l'entrée de la caverne, Hérold profite d'un instant où il ne peut être vu: il force son ami de se réfugier dans cet asile pour éviter la mort; le barde y entre après lui.

Le mouvement se continue sur la montagne, Sulmalla est repoussée, Lini enlevé; le roi sort à la tête de ses gardes, Maconor le suit triomphant.

Le théâtre change et représente l'intérieur de la caverne d'Ossian; dans le fond le tombeau d'Ossian au milieu des rochers. Plus loin on voit l'entrée d'une grotte, au fond de laquelle est une chûte d'eau. En avant est planté une lance avec un bouclier en airain sur lequel on lit: « Bouclier de Trenmor. » A l'avant-scène à droite, une grande pierre irrégulièrement taillée qui cache l'entrée d'un souterrain ; sur cette pierre est écrit : « Fingal. » Au tombeau est suspendu une harpe, la voûte de la caverne est garnie de stalactites et le sol est couvert de stalagmites.

SCENE VI.

Hérold entre dans la caverne avec Occomar. Ce dernier a pris l'habillement d'un barde pour échapper à tous les yeux. Il laisse éclater son désespoir, le vieillard le console.

Ils entendent du bruit à l'entrée de la caverne. Occomar témoigne de l'inquiétude, Hérold le repousse, il lui montre la grotte qui va leur servir d'asile.

Dès qu'ils y sont entrés, Hérold touche un ressort, une partie du rocher se meut, s'avance, ferme l'entrée de la grotte et les dérobe à tous les yeux.

SCENE VII.

Maconor arrive à la tête de ses satellites, il est à la recherche du chef écossais, il soupçonne qu'il ne peut être caché que dans la caverne, il cherche de tous côtés, il reste confondu en ne le trouvant pas.

SCENE VIII.

Sulmalla accourt échevellée et dans le plus grand désordre, elle recule d'effroi en voyant Maconor, elle l'accable de reproches et lui demande son époux et son fils.

Maconor veut lui adresser quelques mots de

consolation; elle repousse la fausse piété de cet homme déloyal.

Maconor la menace en lui disant que le roi son père a remis son sort entre ses mains; elle cherche alors à l'attendrir, Maconor lui dit qu'elle n'a qu'un seul moyen de tout obtenir de lui, c'est de tout lui accorder en acceptant l'union qu'il lui a proposée.

« Eh! quoi, dit-elle, à Maconor, vous accep-
» teriez ma main lorsque mon cœur est à un
» autre ? »

Le Prince lui répond que l'excès de son amour le fera consentir à ce sacrifice. « Misérable, lui
» réplique-t-elle, c'est la couronne d'Ecosse, et
» non le cœur de Sulmalla, que tu veux obte-
» nir ».

Maconor insiste, en attestant le Ciel de la pureté de ses intentions.

Sulmalla rejette ses offres avec le plus profond mépris; elle veut sortir de la caverne.

Il l'arrête, et lui dit qu'elle va rester prisonnière. Elle frémit à l'idée d'être séparée de son époux et de son fils, elle supplie le barbare. Il ne veut rien entendre, et sort avec Borbar et ses satellites, en leur ordonnant de garder toutes les issues de la caverne.

SCENE IX.

Sulmalla est restée accablée et seule; tous ses mouvemens peignent l'agitation la plus violente. Elle mesure avec effroi l'étendue de son malheur. La solitude qui l'environne l'épouvante; elle s'abandonne au désespoir, elle appelle la mort à grands cris, et tombe accablée sur la pierre de Fingal.

Les sons harmonieux de la harpe se font entendre dans le lointain : elle écoute. Sa poitrine se soulève, ses yeux s'animent, le calme et l'espérance semblent descendre dans son cœur.

Elle se lève, et recule avec surprise, en voyant le rocher s'ouvrir, et en apercevant les deux Bardes dans la grotte.

SCENE X.

Le plus jeune s'avance vers Sulmalla, et la regarde avec intérêt. Elle est inquiète; elle semble vouloir le reconnaître; le Barde entr'ouvre sa robe, écarte une fausse barbe : ô bonheur! c'est son amant, c'est son époux!....

Tandis qu'Hérold, dans le fond, veille à la sûreté des deux amans, Occomar et Sulmalla expriment le plaisir qu'ils ont à se revoir après des dangers aussi grands.

L'absence de leur fils a bientôt troublé ce bonheur passager. Où l'a-t-on conduit? Les barbares l'auraient-ils massacré?.... Ils interrogent Héroïd; il ne peut leur répondre, et son inquiétude augmente celle des deux époux.

Le fier Occomar annonce qu'il ne peut plus long-temps supporter les insultes qui lui ont été faites. Dans sa noble fureur, il déclare qu'il va rassembler ses braves montagnards, se mettre à leur tête, porter la guerre dans les états de Malcolm, combattre et punir le cruel Maconor, et délivrer sa femme et son fils.

Hérold et Sulmalla cherchent à modérer ce transport.

On entend les pas de plusieurs personnes qui s'avancent dans la caverne : Hérold, n'ayant pas le tems de rentrer dans la grotte, fait cacher Occomar derrière le tombeau.

SCENE XI.

Sulmalla est restée seule.

Gémiskar arrive avec des soldats, il leur ordonne de se placer à l'extérieur de la caverne, et de ne laisser approcher personne.

Sulmalla demande à Gémiskar quel ordre il est chargé de lui apporter.

« Vous allez le connaître, Madame, lui répond-il d'un air farouche ».

SCENE XII.

Il fait un signal au Chef des gardes, celui-ci sort avec les soldats et rentre bientôt seul avec le jeune Lini.

L'enfant court dans les bras de sa mère : la joie brille dans tous les traits de Sulmalla, on lui rend son fils, ses malheurs vont donc cesser; trompeuse espérance !...

Gémiskar a fait descendre l'enfant dans la caverne par ordre du prince des Isles, pour effrayer Sulmalla en la menaçant de faire périr son fils, à moins qu'elle ne consente à renoncer à son amant.

Sulmalla lit cet ordre cruel, son cœur est glacé d'effroi, elle prend son fils dans ses bras : il faudra lui donner la mort avant de l'en arracher.

Gémiskar et son complice feignent de vouloir mettre à exécution l'arrêt prononcé contre Lini; ils font briller leurs poignards sur sa tête; malgré les prières, les sollicitations, les larmes de sa mère, ils saisissent l'enfant et déclarent qu'ils vont le frapper si elle hésite encore à recevoir la main de leur prince.

Occomar et Hérold tombent sur les assassins, les désarment et les forcent d'entrer dans la grotte, dès qu'ilsy sont entrés, Hérold referme le rocher, et les enferme dans cette espèce de prison.

Occomar presse sur son cœur les objets de ces plus tendres affections.

Hérold l'arrache à cette illusion de félicité: il lui fait entendre qu'en arrêtant les deux assassins, il n'a fait qu'augmenter ses dangers, puisque les troupes du prince des Isles entourent la caverne.

Heureusement une issue secrète connue de lui seul conduit à travers le souterrain de Fingal jusqu'aux pieds des montagnes.

La nuit est venue par degrés; le Barde se hâte d'employer ce dernier moyen pour sauver ses amis.

Tandis que Lini et Sulmalla examinent dans le fond et écoutent pour ne pas être surpris, Hérold aidé d'Occomar soulève une grande pierre en avant du tombeau, et l'on découvre l'entrée du souterrain.

Sulmalla effrayée accourt avec son fils, elle annonce que quelqu'un descend dans la caverne.

Hérold s'empresse de faire entrer ses amis dans le souterrain; quand à lui, il est obligé, dit-il de rester dans la caverne pour rétablir la pierre, qu'il est impossible de replacer quand une fois on a pénétré dans l'issue secrète.

Occomar lui déclare qu'il ne veut pas le laisser exposé à la fureur de son ennemi.

Le Barde lui répond qu'il saura la braver et qu'il ne court aucun danger. Il le suppli de descendre dans le souterrain, s'il ne veut perdre sa femme et son fils, Occomar est forcé de céder.

SCENE XIII.

Le Barde laisse retomber la pierre, il a voulu rester dans la caverne pour donner le temps aux fugitifs de s'éloigner; il attend le tyran avec le calme de la vertu.

Maconor paraît avec deux soldats portant des torches.

» Où sont les coupables, s'écrie le tyran, étonné à la vue du Barde?

» Les voilà répond le descendant de Fingal, en ouvrant l'entrée de la grotte : les deux assassins en sortent et tombent aux pieds du prince.

Maconor tire son glaive et le lève sur leurs têtes : les scélérats lui déclarent que c'est Hérold qui a fait évader les prisonniers.

« Vieillard audacieux, dit Maconor, en frémissant de rage, tu va me faire connaître comment une mère coupable et son indigne fils sont parvenus à s'échapper de cette caverne, ou tu recevras la mort. »

« Frappe, replique le barde, en lui présentant son sein, que m'importe la vie? j'ai sauvé ceux que ta main persécutait, et ce secret restera enseveli dans ma tombe. »

A ces mots la fureur du prince des isles est à son comble, il percerait à l'instant le sein du vertueux Hérold, mais il espère à force de tortures lui arracher bientôt ce secret qui renverse une partie de ses projets criminels.

Maconor avait tiré son glaive pour percer le cœur d'Hérold, il s'en sert pour frapper sur le bouclier d'airan de Trenmor, ce bouclier rend un son éclatant et lugubre.

SCENE XIV.

A ce signal d'alarmes, tous les soldats commandés par Borbar se précipitent dans la caverne. Il ordonne aux uns de se répandre dans la campagne, de chercher par tout les fugitifs et de les ramener morts ou vivants. Il fait saisir Hérold par les autres et lui annonce les supplices les plus affreux s'il persiste à cacher la retraite de ceux qu'il nomme des rebelles.

Le barde n'est point ému par ces menaces, à son tour il prédit au tyran qu'avant peu le ciel le punira de tous ses forfaits.

Les soldats guidés par Borbar et Gémiskard l'entraînent avec violence; tous sortent. Maconor les suit en laissant éclater la fureur qui l'anime.

Fin du premier acte.

ACTE II.

Le théâtre représente un camp, dans une forêt; en avant à droite un grand pavillon pourpre et or, soutenu par quatre lances. Ce pavillon fait partie de la tente du roi qui est censée se prolonger sur la droite; il est ouvert en face du public et forme double scène. A sa partie gauche il est fermé par un rideau qui le sépare de la campagne.

SCENE PREMIERE.

Le roi Malcolm après avoir donné ses ordres à ses chevaliers, reste seul dans sa tente, il est triste, abattu et semble réfléchir profondément aux malheurs qui accablent sa fille.

Des factionnaires sont placés en dehors et des feux sont allumés dans la campagne.

Les chevaliers sortent.

Les soldats avant de se livrer au repos boivent, mangent et se divertissent en formant plusieurs groupes séparés.

SCENE II.

On entend des sons de trompette, les soldats prenent les armes.

Maconor se présente à la tente du roi, elle lui est ouverte.

Il apprend au roi que le chef écossais a pénétré à main armée dans la caverne d'Ossian et que favorisé par le Barde il a enlevé sa femme et son fils.

La colère du Roi éclate; il ordonne qu'on amène Hérold.

SCENE III

Hérold paraît enchaîné au milieu des gardes; il se jette aux pieds du Roi et lui demande grace, non pour lui-même, mais pour sa fille et le petit-fils qu'il rejète de son sein.

Malcolm déclare qu'il ne leur pardonnera jamais. Il fait apporter un étendart, sur lequel on lit : « Guerre à mort au chef écossais ! »

Le Roi fait ôter les fers du Barde, et le charge de porter cette déclaration de guerre dans les montagnes.

Hérold sort avec une escorte.

SCENE IV.

Tout est rentré dans l'ordre dans le camp; les soldats se couchent auprès de leurs feux. On n'aperçoit que ceux chargés de la veille de nuit.

Le Roi est accablé de tristesse. Le perfide Maconor semble le consoler; mais à part il sourit aux maux qu'il a causés, et menace la nouvelle victime qu'il espère pouvoir bientôt immoler. Il prend congé du Roi, et se retire à travers les grouppes de soldats endormis.

SCENE V.

Malcolm se jète sur une estrade, et cherche le sommeil, qui semble fuir sa paupière.

SCENE VI.

Sulmalla paraît avec son fils au milieu du camp, dans l'intention de pénétrer dans la tente royale, d'émouvoir la pitié de son père pour son fils et pour elle-même, et d'obtenir la grace de son époux.

Le factionnaire de garde auprès de la tente lui présente sa lance, et s'oppose à son passage.

Elle se fait reconnaître pour la fille du Roi : le factionnaire relève sa lance avec respect; mais il lui dit qu'il a la consigne de ne laisser entrer personne dans la tente.

Sulmalla lui présente une bourse; le brave soldat la refuse. Elle le presse, elle le conjure : ce guerrier, qui n'a pu se laisser tenter par l'appât de l'or, se laisse toucher par les larmes de la fille de son Prince.

Pendant cette scène, le Roi s'est endormi sur l'estrade.

Le factionnaire lève la portière de la tente.

Sulmalla, en voyant son père plongé dans un paisible sommeil, s'avance doucement dans le pavillon avec son fils.

Dès qu'elle est entrée, la portière retombe, et le soldat continue sa faction à l'extérieur.

La Princesse d'Ecosse se met à genoux auprès de son père : elle s'estime heureuse que le sommeil ait suspendu pour un moment les chagrins qu'elle lui a causés bien involontairement.

Elle prend son fils dans ses bras : il dépose un baiser sur le front vénérable de son aïeul.

L'impression de ce baiser a pénétré jusqu'au cœur du vieillard, il sourit, et semble bercé par un songe heureux.

Sulmalla et Lini remercient les dieux d'Ossian et de Fingal, qui paraissent toucher le cœur du royal vieillard, et leur promettent un avenir désormais exempt d'orages.

Cette pensée a rendu l'espérance à Sulmalla. Elle fait prosterner son fils aux pieds de l'estrade; et, prenant les mains du Roi, qu'elle étend sur la tête de Lini, elle reçoit pour ainsi dire la bénédiction paternelle.

SCENE VII.

Sur la fin de l'action précédente, le féroce Maconor saisissant pour exécuter son horrible projet l'instant où tout le camp est endormi, à l'exception du factionnaire qui veille auprès de la tente, s'avance derrière le soldat et le poignarde.

Le factionnaire jette un cri étouffé et tombe.

Lini et Sulmalla se sont retournés avec effroi, ils entendent les pas de quelqu'un qui s'approche et se cachent dans l'intérieur de la tente.

Maconor soulève la portière, un sourire sardonique peint sa joie infernale lorsqu'il voit le roi seul et Plongé dans un profond sommeil.

Il se précipite vers l'estrade avec l'impétuosité du tigre qui veut s'emparer de sa proie; il lève le poignard tout fumant encore du sang du soldat.

Sulmalla se montre en poussant un cri terrible; elle lui arrache l'arme meurtrière.

L'alerte est donnée au camp, la trompette sonne, les soldats prennent les armes.

Maconor se jette en arrière, et soulevant la portière de la tente, il appelle les guerriers.

Malcom s'est réveillé, il frémit d'horreur en

voyant sa fille proscrite qui tient un poignard sanglant à la main.

Le perfide prince des îles saisit cette première impression, et ne craint pas d'accuser Sulmalla d'avoir voulu venger les injures de son époux en assassinant son père.

(Le jour à paru.)

En vain elle veut se défendre et accuser le véritable assassin ; ce soldat poignardé, cette arme sanglante, sa fuite de la caverne, la rébellion d'Occomar, tout la condamne.

Malgré ses supplications, ses larmes, elle est saisie par les gardes, ainsi que son fils.

Maconor demande au roi quels sont ses ordres pour la punition de la coupable.

L'infortuné Malcom paraît tour-à-tour indigné et attendri, il n'ose prononcer sur le sort de sa fille.

Maconor ranime la colère du roi, il lui dit qu'il n'a plus le droit de pardonner et que la loi condamne au feu la mère et l'enfant.

L'image de ce supplice fait frémir cet infortuné père. Pressé par Maconor et par ses chevaliers, il prononee la fatale sentence

Sulmalla se précipite aux genoux de son père, elle le conjure de révoquer cet arrêt épouvantable; Malcolm hors de lui la repousse : elle le supplie de nouveau, le suit à genoux, elle s'attache à ses pas, elle voudrait du moins lui arracher la grâce de son fils.

Plus elle insiste, plus la colère de son père augmente; bientôt elle est à son comble, il ne se possède plus, il rejette sa fille, il la maudit. Sumalla épouvantée tombe expirante.

Le roi sort avec ses chevaliers.

SCENE VIII.

Le prince des Iles ordonne que le bûcher soit dressé.

Lini est allé se précipiter au cou de sa mère évanouie. Sulmalla fait un mouvement sans ouvrir les yeux, elle presse machinalement son fils contre son sein.

Maconor fait arracher l'enfant de ses bras.

Sulmalla reprend connaissance. Sa première pensée est pour son fils : elle le cherche des yeux avec inquiétude ; elle interroge les soldats qui l'entourent. Leur morne silence jette l'effroi dans son ame : elle se retourne; elle aperçoit Lini que Borbar entraîne; elle court vers lui : Borbar s'éloigne, elle s'élance sur ses traces dans le plus grand égarement.

Tous les soldats la suivent ; Maconord sort avec eux.

(Le théâtre change, et représente une campagne; dans le fond, une forteresse, dont les remparts sont baignés par les flots de la mer ; sur la gauche, une haute tour, élevée sur un rocher. On entre dans cette tour par une petite porte de fer. Sur le devant, à droite, un bûcher.)

SCENE IX.

Des factionnaires sont sur le rempart et autour du bûcher.

Gémiskar paraît : il ordonne d'apporter la bannière de mort sur laquelle est tracée la sentence qui condamne Sulmalla et son fils.

SCENE X.

Cependant Occomar, inquiet sur le sort de

son épouse, a rassemblé ses guerriers, pour répondre à la déclaration de guerre du Roi : mais, avant de combattre, il veut savoir si la belle Sulmalla n'a pas eu le bonheur d'attendrir son père et d'obtenir la paix.

Il a fait cacher ses troupes dans la forêt voisine. Il s'avance, toujours déguisé en Barde, il est accompagné d'un ami fidèle et dévoué.

Il voit avec étonnement les apprêts du supplice : il interroge Gémiskar sans en être reconnu ; celui-ci lui montre l'inscription.

L'Ecossais la lit en frémissant d'horreur. Son ami le contient avec peine ; il détourne adroitement l'attention de Gémiskar, surpris du trouble et de l'indignation que témoigne un étranger.

Le confident du Prince sort.

SCENE XI.

Occomar jure qu'il va revenir, qu'il préviendra les bourreaux en renversant cet odieux bûcher. Il voit les satellites de Maconor s'avancer; son ami l'entraîne.

SCENE XII.

On entend une marche funèbre.

Le peuple se place sur les remparts ; les soldats se rangent autour du bûcher.

SCENE XIII.

Sulmalla et Lini s'avancent, précédés par un soldat portant une torche.

Les femmes de la Princesse l'accompagnent, et témoignent la plus profonde douleur.

Elle frémit en voyant le bûcher : elle presse son malheureux enfant dans ses bras, elle adresse au Ciel une dernière et fervente prière.

Elle distribue à ses femmes ses diamans et ses bijoux. Leurs larmes se mêlent à celles de leur bonne maîtresse.

SCENE XIV.

Maconor paraît. il donne l'ordre de conduire la victime au supplice.

La mère et l'enfant sont attachés sur le bûcher : on y met le feu.

SCENE XV.

Tout-à-coup Occomar s'élance avec ses braves : il renverse les soldats, saute sur le bûcher, détache les victimes, et les arrache aux flammes prêtes à les dévorer.

Les montagnardes protègent ce mouvement en attaquant vivement leurs ennemis.

Maconor furieux se jette sur son rival. Occomar protège la sortie de Sulmalla emmenée par Hérold, et combat son adversaire en tenant son fils dans ses bras.

SCENE XVI.

Plusieurs chevaliers s'attaquent, le sabre à la main, et sortent en combattant.

SCENE XVII.

A peine ont-ils disparu, Maconor revient triomphant. Accablé par le nombre, le malheureux Occomar a vu la fortune trahir son courage. La princesse et son fils lui sont enlevés une seconde fois. Le princes des Isles les fait renfermer dans la tour.

Cependant la mer est couverte de nuages, l'éclair brille, le tonnerre gronde dans le lointain.

SCENE XIX.

L'Écossais seul, hors d'haleine, séparé de tout ses braves, accourt, mais trop tard, pour s'opposer aux ravisseurs. Il voit pour ainsi dire le ciel et la terre conjurés contre lui, son courage semble abattu, ou plutôt il n'en a plus que pour se donner la mort.

SCENE XVIII.

Le Barde l'a suivi dans la mêlée, il arrive à tems pour arracher le glaive mortel des mains de son héros : Il le conjure de vivre pour sauver sa famille, pour punir un misérable ; ses paroles ont ranimé la vaillance d'Occomar.

Hérold lui montre la possibilité d'arracher de la tour, les victimes de Maconor, en faisant escalader par ses braves les murailles du château, enfin il rappelle son ami à la gloire en élevant dans les airs le bouclier de Trenmor tout-à-la fois étendard et signal des combats.

L'Écossais a repris des sentimens plus dignes de sa grande âme, il frappe le bouclier de sa lance.

SCENE XX.

A ces sons belliqueux, les montagnards viennent se ranger autour de lui, il leur indique la forteresse dans laquelle ce qu'il a de plus cher au monde est renfermé et peut-être exposé à périr.

Ses guerriers jurent de périr eux-mêmes, ou de sauver l'épouse et le fils de leur chef.

SCENE XXI.

Les satellites du prince des Isles sont postés sur les remparts.

SCENE XXII.

L'attaque commence, les assiégés lancent des pierres, les assiégeans des feux; une partie de ces derniers dans des barques, escalade le rempart, d'autres dans une barque plus grande font mouvoir une poutre qui enfonce un mur près de la tour, quelques uns s'élancent à l'aide d'échelles de siége sur la partie des murs qui n'est pas baignée par la mer. On se presse, on se mêle, on combat de toutes parts à la lueur des éclairs et au bruit de la foudre.

SCENE XXIII.

Malcolm séparé de tous les siens, errant au milieu de ce désordre général, parcourt le champ de bataille en cherchant un asyle et des défenseurs. Ses cheveux blancs flottent au gré de la tempête.

Il voit l'incendie allumé dans la forteresse, dévorer ses édifices. Dans ce moment la foudre éclate.

Le monarque infortuné se jette à genoux et invoque la bonté divine qui peut seule sauver son peuple.

Le farouche Maconor vaincu et au désespoir sort de la tour; à la lueur des éclairs il aperçoit Malcolm: dans son aveugle rage il se précipite sur lui et veut le frapper de sa lance.

SCENE XXIV.

Occomar qui a suivi de près le cruel prince des Isles, s'élance, couvre le roi de son corp et reçoit dans l'épaule gauche le coup de lance qui allait percer le cœur du père de Sulmalla.

SCENE XXV.

Gémiskar accourt pour seconder son perfide maître, il attaque le roi, tous deux disparaissent.

SCENE XXVI

Le noble Écossais bravant la douleur et tous les dangers, se jette sur Maconor et le combat corps à corps.

Leurs armes sont des masses d'armes en fer, ils portent tous deux des boucliers d'airain.

L'avantage paraît être du côté d'Occomar, lorsque l'Ecossais en portant un coup à faux sur le bouclier de son adversaire, chancelle et tombe.

Maconor profitant lachement de cet avantage,

assène un coup terrible sur la tête de son ennemi. Le sang d'Occomar coule sur son visage, mais le danger qu'il court, a doublé son courage, il se relève, rejoint le prince des Isles, le combat avec son glaive, le presse et le tue.

SCENE XXVII.

Le bon Malcolm est accouru, mais trop tard à la tête de quelques uns de ses chevaliers pour défendre son libérateur; il paraît pour être témoin de son triomphe.

SCENE XXVIII.

C'est dans ce moment même qu'un nouveau malheur les menace.

La mêlée s'est engagée de nouveau avec le plus grand acharnement sur les remparts et sur le rivage.

Le feu achève de dévorer les débris de la tour, elle s'écroule et laisse voir dans l'intérieur Sulmalla et son fils au milieu des flammes.

SCENE XXIX.

Aidé par le Barde Occomar, saisit une échelle de siège, monte dans la tour à travers le feu et délivre sa femme et son fils.

SCENE XXX.

Cette action hardie paraît être le signal de la défaite des traîtres.

Borbar qui résistait encore sur les remparts est tué et précipité dans la mer.

Les courageux montagnards sont victorieux sur tous les points, leurs ennemis sont désarmés et suppliants et la lance de Trenmor, comme un météore brillant, s'élève non loin des débris de la tour embrasée.

L'orage est app   l'arc-en-ciel paraît sur la mer.

La princesse d'Écosse, le chef des montagnards et leur enfant sont tombés aux genoux de leur vieux père.

Le bon Malcolm, témoin et presque victime de la scélératesse de Maconor, reconnaît qu'il a été cruellement abusé par ce misérable, il relève ses enfants, les embrasse, les unit et reçoit de leurs mains ce petit-fils bien aimé qui doit être la consolation de sa vieillesse, comme son pére en sera l'appui.

A l'ordre du roi, les chevaliers élèvent l'aimable Lini sur le pavois. Malcolm le désigne au peuple et à l'armée comme l'héritier *du trône d'Écosse.* Tous les cœurs ne connaissent plus qu'un seul sentiment, l'amour pour le prince légitime, et toutes les bouches prononcent le serment d'obéissance qui doit assurer désormais la paix du royaume et le bonheur public.

FIN.

www.ingramcontent.com/pod-product-compliance
Ingram Content Group UK Ltd.
Pitfield, Milton Keynes, MK11 3LW, UK
UKHW021032260726
13994UKWH00005B/2095